남도 가시나

정영례 제3시집

계간문예

남도 가시나

| 시인의 말 |

벌써 세 번째 시집을 내놓는다. 시집을 내놓는다는 것은 조심스럽고 힘든 작업이다. 용기를 내어 내놓는 이 시집이 독자들에게 감흥을 주고 길이 남을 시집이 되었으면 하는 간절한 마음이다. 인간과 사물, 일상의 소재를 가지고 머리와 가슴이 시키는 대로, 쉽고 의미 있게 고백 같은 시를 쓰려고 노력했다. 무엇보다 순수한 감성을 전달하고 싶었다. 나의 시가 독자들의 마음에 잘 전달되어 시를 읽는 모든 사람이 행복해졌으면 하는 간절한 바람이다. 시집이 세상 밖으로 나오기까지 도와주신 분들과 가족에게 감사드립니다.

2022년 가을

海浪 정영례

■ 차례

제2부 남도 가시나

제3부 공기의 무게

제4부 시간은 생각 나름

제5부 엇나간 길

제1부

달과의 동침

맑은 강에 시비 걸기

짜증이 났다
말없이 잠잠한 그가 얄밉다
벗은 알몸도 싫고
반짝반짝 윤기 나는 얼굴도 싫어
돌멩이를 힘껏 던졌다
그는 몸으로 감싸 안고 잠잠하다
그는 마음이 넓다
바람이 낯을 할켜도
얄팍한 입술만 까닥인다
나는 아직 사물의 이치에 어둡다
내 입만 다물면 모두가 조용하다
다시 뭉툭한 돌멩이를 골라 휙 던진다
찢긴 살점들이 높이 튀어 오른다
해질녘
주변 물결이 핏물로 얼룩졌다가
곧 잠잠해지고
강은 부드러운 손길로
자기를 때린 돌멩이를 어루만진다
가슴속 날선 생각들이 빠져나가고
앙다문 내 입술도 조용하다.

한 번도 보여 주지 않았다

내 안에 무엇이 있는지
한 번도 보여 주지 않았다

상수리나무는 그늘과 열매가 있지만
나는 딱딱한 등박에 없다

누군가 밟고 올라오면
속에서 뜨거운 것이 치밀어 올라도
멍텅구리처럼 넙죽 엎드려 산다

새가 똥을 갈기고
장대비가 쏟아지고
계곡물이 등을 할퀴어도 속으로 운다

비바람 폭설에 닳아지고 부서지고
바래고 긁힌 자국들
땡볕에 목이 말라도
비 오면 목만 축이고 흘려보낸다

주변의 흙이 주저앉고 덩치가 커져도
웅골진 속을 보여 줄 수 없어
조상이 물려준 참을 '인' 자
마음 깊이 새기며 사는
나는 숲속의 바위.

단짝 친구

종로역 4번 출구 작은 구둣가게
구석진 진열장에서
누군가의 손길을 기다리다
내 눈과 마주쳤다

다들 검버섯 빼내고
번쩍이는 가방 자랑 옷 자랑 한창 할 때
한쪽 구석에 비껴 앉은
까무잡잡한 모습이 수수해 보였다

내 발의 지킴이가 되겠다고
타박타박 먼 길을 따라와
나 혼자 방에 들어와도
댓돌 위에서 느긋하게 기다려 준 순둥이

빗길을 가다가 찌직 찌직
빗물에 섞여 우는 네 눈물을 보고
터지고 곪은 마음으로
떠날 채비를 하고 있음을 알았다

굽이 낮고 성질이 부드러워
맘에 꼭 든 단짝이 기어코
나의 무딘 감성을 울리고 있다.

달과의 동침

후덥지근한 여름밤
거실에서 자고 있었다
팬티 하나만 걸치고

블라인드 높이 걷힌 창
몸을 파고드는 묘한 손길에
눈을 떴다

자물쇠 속으로 스며든
달빛이
아직도 내 몸을 더듬고 있다

벗은 내 몸을 보니
쪼그라든 젖가슴이 부풀어 오르고
나는 팬티마저 벗어 버렸다

달은 입이 귀에 걸렸다.

마스크

추울 때나
더울 때나
죽은 듯이 걸려 있다

잘난 얼굴
못난 얼굴에 매달려
콧물을 닦아준다

듣기 싫은 말
하기 싫은 입맞춤
피하고 싶다

잠자리에 들 때
먹고 마실 때 잠깐 느끼는
이 황홀한 해방감.

꽃동네 산실

많을수록 좋다

산아제한이 없는 산실은 초만원이다

꽃봉오리는
남편의 머리채를 잡고
안간힘을 쓴다

5㎜, 10㎜씩 열릴 듯 말 듯
애태우는 자궁의 문
자연분만을 기다리는 사람들
산모의 신음이 귀를 긁는다

울며 등 떠밀려 나온
개나리 벚꽃 백목련 자목련
꽃동네 산실 앞은
손 마주 잡은 사람들로 북적인다

꽃길 걷고 온 나는
남동풍이 불고 비가 온다는 소식에
봄 잠을 설친다.

봄비

봄비에게선 뽕잎 향이 난다

누에가 와삭와삭 먹고 지은
둥근 고치는 봄만 되면 꿈틀거린다

끝이 보이지 않는 비단 실
바늘 끝 지나간 자리마다
매화가 피고

실 끝은 봄 내내
산수유 목련 가지에 감고 풀기를
그치지 않는다

봄비와 누에의 아름다운 동행이다.

고향을 느끼다

고향 가는 차 안에서
일가친척 어릴 때 동무들
몇 번을 떠올려도 멀고 먼 땅끝마을

납작 엎드린 지붕
대문 앞 들어서면 반기던 얼굴
년 년이 찾아도 그 모습 찾을 길 없어
내딛던 발걸음 주춤주춤 물러서더라

엉덩이 들썩이던 뒷산
촐싹거린 바닷물 안길 듯이 반겨도
꽃샘바람에 흙먼지 날리는 봄날은
마음도 먼지 되어 흩날리더라

자식 손주 기다리는 노인뿐
청년도 아이도 없는 고향
시골 학교가 사라진다는 말에
그리움에 들떠 찾아온 마음만 아프더라

그래도 오늘 허기진 텃밭에
새순 돋을 촉 하나 심고 간다.

밟히고 닳아져도

완도 정도리 몽돌해변
발소리 듣고 눈을 뜬 돌들이
와글 다글 환영 인사를 한다

발에 밟혀도 울지 않고
둥근 엉덩이 흔들며
노래와 춤으로 이겨낸다

콘크리트 벽에 박혀
옴짝달싹 못하는 것보다야
해변이 백번 낫다며

오늘도 몽돌은
모래 위에 넙죽 엎드려
파도에 몸을 씻고 참선 중이다.

뿔

처음엔 없었다
내게도
너에게도

짐을 나르고
논밭을 갈고
연자방아를 돌리고

일하느라
아이가 자라나도
초롱 눈 들여다볼 새 없이
아이는 커버렸다

밥은 식어가고
우리는 누군가의 밥이 되느라
또 바쁘고

늙기도 전에
팔려가고
화가 치밀어 너도나도 뿔이 생겼다.

이슬

저녁 먼 길
떠밀리고 떠밀려
뭉그러진 생각들로 비우고 채운
앙다문 입술을 눈여겨봐

새를 부를까 바람을 부를까
투명한 은총 모아
지그시 눈 감고 뛰어내린 결정
생각이 피려고 마음이 피려고
꿈틀거린 둥근 고요를 봐

시작은 맑아도
데구르르 굴러 떨어질 때
시퍼런 가슴팍을 타고 흐르는
울음을 생각해 봐

바람에 흔들리는 풀잎에 앉아
방울져 구르는
뭉그러진 마음을 떠올려봐.

풀 깎기

날뛰는 예초기가 신이 났다
풀잎을 만난 건 얼마만인가
칼날에 베인 풀잎이 스러진다

피 묻은 상처에서 향기가 난다
열여덟 처녀지 같은
풋풋한 살내음 같은

풀잎이 깎이는 것은
한 생이 무너지는 일
오롯이 간직한 성
엄청난 과거가 사라지는 것이다

코끝에 엉켜
속 깊이 스며드는 향기마다
풀들의 아우성이 숨어 있다

그냥
눈 감고 돌아서는데
풀잎의 울음이 따라온다.

일탈

껴안은
산과 강이 다툴 때도 있다

바람과 구름은 늘 다투고
태풍도 파도와 겨룬다

제철 아닌
개나리꽃 목련꽃이 활짝 피어
봄이라고 우기고

여름 볕은 가다 말고
갯마을 아이들과
힘겨루기를 한다

나도
가던 길을 돌아서서
곁눈질하고 있다.

겨울 숲의 침묵

누가 저리 크고 둥근 침묵을 보았는가

대낮에 승냥이가 토끼를 잡아먹고
나무가 나무끼리 삐걱거리다
벌겋게 불이 붙어도
말없이 지켜보는 통 큰 심장

초록잎, 단풍잎이 떨어지고
겨울에 뼈다귀만 남은 나무들이
창칼 같은 다갈색 가지로 몸을 찔러도
지평선 가까이 무릎을 꿇고
곡선으로 엎드려 참는다

땅속 물을 마시고
잎눈 꽃눈 틔울 꿈을 꾸면서
끝내 아닌 척 시치미 떼는
나무들을 품에 안아주는
저 무서운 숲의 침묵을 보라

거북 등처럼 엎드려
조곤조곤 식솔을 다독이고
하늘이 높아도
바람이 꼬드겨도 흔들리지 않는다.

불에 탄 엉덩이

어려서 배앓이를 자주 했다
밥을 먹지 않으면
어머니는
밥을 지어 누룽지를 만드셨다
아궁이는 벌겋게 활개를 치고
솥뚜껑은 눈물 짜내며 들썩거렸다
엉덩이 모양의 둥그런 검은 쇠솥에
밥알을 얇게 펴서
노릇노릇해지면
물을 붓고 끓여주셨다
어느 땐
꿈에서도 입맛을 다신다
이제 나는 전기솥에
어머니가 해주신 누룽지를 만든다
내 안에 눌러앉았던
배앓이도 어느새 날아갔다.

제2부

남도 가시나

먼지의 말

발소리 없이 맴돌다
빈자리 어느 곳이든
서성이지 않고
쭈그려 앉을 작은 틈이면 족하다

바람 불고 햇빛 비치면
들썩거리다 앉는 자리
별꽃에 앉아도
돈방석에 앉아도
내 얼굴은 누추한 곳 보다 어둡다

수돗물 소리
걸레 빠는 소리에도 가슴이 뛰는
작고 가벼운 몸
이제 간신히 누웠거늘
나를 흔들어 깨우지 말아다오

피붙이 끌어안고
버둥대며 살아온 이야기
내 안에 몽글몽글 쌓이고 있다.

바다 속 꿀잠

나른한 봄날 베란다의 유리가 후끈하다
썬텐 중인 유리창이 달아오른 얼굴로 헉헉대며 자고 있었다
라꾸라꾸에 대자로 누워 부신 눈을 감는다
파도가 몸을 덮쳤다
냉장고, 선풍기, 장난감
버린 음료수병과 비닐들이 찢긴 채 널브러져 있다
바위와 산호초가 보이는 곳으로 자리를 옮겼다
꼬리와 등지느러미가 잘리고 비늘이 반쯤 벗겨진 물고기
이곳은 성한 데 하나 없는 것들이 서로 기대며 마을을 이루고 있다
한쪽에는 배가 가라앉았을 때 찾지 못했던 친척이 미라처럼 누워 있고
작살에 찔린 상어가 신음한다
하나같이 말을 하지 않는다
숨이 막혀
바깥바람을 쐬려고 나오다 문지기 손에 붙들려
왕궁으로 다시 들어왔다
기다렸다는 듯 물고기와 다시마 미역들이
칼날을 세워 등을 찌르고
뼈만 남기고 때론 뼈째 먹었던

수만 마리의 물고기가 포실한 내 뱃살을 물어뜯는다
깜짝 놀라 깨어나
마구잡이로 해조류를 채취하고 물고기를 잡아먹으며
어쩔 수 없는 것처럼, 나와는 무관한 것처럼
당연시했던 것들이 뉘우침으로 다가와
비닐봉지에 뒤섞인 쓰레기를 분리하고 있다.

달팽이는 소리내어 울지 않는다

달팽이는 집이 배낭이다

가고 싶은 곳
살고 싶은 곳에 집을 메고 간다

몸에 딱 맞는 집
누가 다녀갔을까
도둑이 들지 않았을까
집값이 뛰어도 걱정 없다

다음 끼니를 위해
냉장고에 그득 채우지 않아서 좋고
집과 함께 있으니 외식도 집밥이다

룰루랄라 늘 푸른 날만 있는 건 아니다
고지 바로 앞에서 절벽을 만나
배회하고 굶다가
냉골 바닥에서 잠들 때도 있다

비탈길 구부러진 길
가고 또 가고
두리번두리번 쉴 곳을 찾는다

좁은 집에 자웅동주 하는 달팽이는
힘들어도 소리 내어 울지 않는다.

남도 가시나

깊고 푸른 눈을 가졌다

울적할 때
허전할 때
그녀를 찾는다

넓은 가슴에
맨발로 뛰어들어
안겨도 보고
철썩거리는 물결에
손을 담가본다

섬집도 물새도 말문을 닫으면
모래 위에 앉아 별을 세자 하고
먹구름 몰려오고 태풍 일면
속마음 열어놓고 함께 울먹인다

나는 그녀가 쓰다듬는
모래알이 되고 싶다

얼굴 마주 보며 마음 털어놓으면
상처가 씻겨져서 좋다

언제나 찾아가면
넓은 가슴으로 반겨주는
푸른 눈의 가시나가 그리워
오늘도 고향 남도에 간다.

네바다전투의 꽃

그녀는 용감했다

용산 전쟁기념관
총알 박혀 쓰러진 그녀(레클리스)의 넋이
아픈 발 절뚝이며 튀어나올 것만 같다
세월 빛에 희미해진 네바다전투의 꽃

몽고에서 북한으로 북한에서 연천으로
6·25 마지막 격전지
총알 빗발치는 포연 속에서
병사보다 더 용감했던 그녀

5일 동안 산꼭대기까지 386회 왕복
4톤의 총알과 포탄을 나르며
승전으로 이끈 영웅 중의 영웅
군화도 없이 맨발로
상처를 보듬고 뛰고 또 뛰고

액자에 갇힌 사진 앞에서
자꾸자꾸 고개가 숙여진다

풀밭에서 한가로이 풀을 뜯고 있는 네 모습이 그립다.

* 레클리스: 몽고에서 온 경마용 말이다

에티오피아에서 왔어요

내 고향은 에티오피아
조상은 예가체프
피부는 검어도 향기가 좋다며
꽁꽁 싸매 데려오더니
달달 볶고 부수고
커피머신에 차고 뜨거운 물고문도 모자라
아메리카노 라떼 카프치노 카페오레 마끼아또
이름마저 입맛 따라 바꿔 부르시나요
아직 내 몸에 새콤한 과일 향이 남아 있는데
나는 죄가 없소이다
당신이 나를 내가 당신을 사랑해 따라온 죄밖에
나는 더 이상 이방인이 아니요
찻잔은 당신과 나눈 이야기로 가득하고
이제 우리는 한 몸이 되었소
당신 품에 안긴 따끈한 오늘 밤은
붉은 커피 열매 주렁주렁 매달린
고향 꿈을 꾸겠소.

거울

잊을 수 없다

눈가에 사르르 맺힌
젖은 눈빛 보며
선뜻
발길 돌릴 수 없다

기다리고
기다려도
끝내
마음을 열지 않는다

몹시 슬픈 날.

바다와 고래와 나

나는 지금
노르웨이 바다 한복판에 와 있다

성급히 달려온
거친 파도를 손으로 막으며
가쁜 숨을 몰아쉰다

몸집 큰 고래는 파도 뒤에 숨었다

작열하는 태양
둘러봐도 노 젓는 배는 없다

숨을 고른 뒤
키를 고쳐 잡고
다시 낚싯대를 던진다
요놈의 고래
기꺼이 잡고야 말겠다

멀리서 요동치는 검은 고래의 꼬리
희망의 핏대가 정수리를 덥힌다

붉은 바다의 태양이 지고 있다
아주 멀리서 다가오는 파도

-찢긴 고래

그리고 나 꿈이었다.

바늘

오직 귀 하나뿐이라서
아프다는 말없이 걸었다

멀고도 험한 길
한눈팔지 않고 걸었다
헝클어진 긴 나날 잘게 풀어
덤덤하게 걸었다

순한 오색 실로 수를 놓고
왜소함을 감추려 가죽신도 꿰매고
흰 이불보 꿰매다 온몸이 피투성이가 되기도 했다

새로 산 옷 멀리 두고
부르터진 양말의 뒤꿈치
해지고 닳아진 옷 구멍 메꿔주며 살았다

보일락 말락 희망 없는 길
묵묵히 찌르고 또 찌르고
곧은 등뼈가 휘어지게 일했다

마침내 끝나는 길목
마침표를 찍고 뒤돌아 활짝 웃는다
한땀 한땀 질서 정연한 발자국
빛 좋은 색실들도 꽃잎 되어 웃는다.

왕거미의 꿈

오동통한 엉덩이로
출렁다리 만드는
그 속을 모르겠다

바람 부는 날도
주욱 죽 비 오는 날도
심혈을 기울여 줄을 긋는
열정의 바리케이트에 눈을 모은다

거미의 꿈은
가닥가닥 씨줄과 날줄을 치고
느긋하게 기다리는 일이다

거미보다 큰 잠자리도
작은 하루살이도
한번 걸리면 달아나지 못한다

거미줄에 걸려든 다양한 메뉴처럼
꼬리가 없는 내 꿈은 수시로 바뀐다

거미는 잘린 거미줄을 메꾸고
나는 구멍 난 허점을 메꾸느라
허리가 휘청인다.

벽과 못

벽창호처럼
앞만 보고 서 있었다

어느 날
삐쩍 마른 송곳이
옆구리를 쿡 찔렀다

겉보기는 칼날 같아도
변치 않을 달변에
속을 비우고 껴안았다

날이 갈수록
생각이 헐거워지고
몸도 야위어 갔다

껴입은 옷도 귀찮은지
훌훌 벗어던졌다

조이면 조일수록
만남의 기억은 희미해지고
삐그덕 소리만 아프게 들렸다.

부채의 연가

뻐꾹새 울고
라일락꽃이 지는 늦봄부터
동양화 서양화 취향껏 골라 주세요

여문 저 산 중턱 솔향을 모아
밤낮 펼친 나의 반경
손사래 칠 때마다
달큼한 오디 향을 드리겠어요

모닥불 연기 사위고
구운 옥수수 햇감자 향이 멀어질 때까지
당신의 땀방울 지워드리죠

사시사철 낮 밤을 가리지 않고
잔등이 드러날 때까지
먼저 떠나지도 포기하지도 않을 거예요

내 부드러운 입김이
뜨겁고 거친 당신의 숨결 속에 묻혀도
얼굴 찡그리지 않겠어요
불빛 조으는 밤 책장 넘기는 소리에도.

겨울에 피는 꽃

낯선 땅 달려오지 못하고
상갓집 불빛 따라
주춤거리며 온다

피리 소리 대금 소리 없이
나풀나풀 춤을 추며
손금 위에 내려앉는다

눈꽃이
영정 앞에 놓인
국화를 닮았다

흐느낌 없이도
젖어있는
차고 시린 꽃

고아가 된 나도
눈꽃보다 차고 시리다.

곶감

멍석에 붉은 울음이 가득하다

살을 깎인 아픔이
꼬챙이에 찔려
처마 밑에 대롱대롱 매달렸다

멍석에 둘러앉은 손길들
어쩌자고 깎고 쳐내고
피 말리는 고통을 주는가

어쩌다 무 썰다 칼에 손끝이 날아가면
바람결에도 울음이 나고
살갗에 주름살이 늘어난다

눈물이 희뿌옇게 말라가면
시린 상처에도 다닥다닥 웃음꽃이 필까
깎인 땡감 살이 딱딱하게 마르면
곶감이 되듯이.

눈 오는 날

눈이 내려 산도 거리도 보이지 않는다
지금쯤
고흥 땅을 걷고 있을 문인 생각이 난다
어디고 느긋하게 앉아
따끈한 커피 한 잔 마시지 않을 것 같은 분인데
전국 투어에 나섰다
눈 내리는 풍경을 방 안에서 본다 환청처럼
뽀드득뽀드득 눈길을 걷는 발소리가 들린다
하루가 저물기 전 고흥의 풍경들이 카톡방에 고개를 내민다
나도
팔팔했던 시절이 있었다
남편 따라 들꽃 활짝 핀 지리산을 오르고
눈 덮인 관악산 한라산 대청봉
전국의 산은 거의 찾아가 사진을 찍곤 했다
지금은 전설이 되어가고 있다
산에 오르지 않아도 환히 보이는 겨울 숲
푸른 나무와
크고 작은 새소리
돌이끼와 시냇물은 나를 기억해 줄까

하염없이 눈이 내린다
잎 진 나뭇가지 위에 눈꽃이 하얗게 핀다
문인의 외투에도 눈꽃이 소복이 피었겠다.

제3부

길 위에서

손가락 연리지

솥에 쌀을 안치다 쌀알이 묻어 있는 손가락을 본다
펼쳐져 있을 땐
손가락은 외롭고 쓸모없다 여겼는데
취락펴락 힘을 합치면
먹고 입는 일이 쉽고
뭉쳐야 일을 할 수 있다는 사실을 알고부터
함께 쉬고 함께 움직이기 시작한다
열 손가락이 있다는 건
서로 가까이 붙어 있으라는 신의 암시,
연리지다
엉켰던 실타래를 풀다
형광등에 가만히 비춰본다
뿌리가 하나다.

꽃게와 나

밖으로 나가려고
발가락을 쩍 벌린다
저것 봐라!
소리를 알아들었는지
게는 소리보다 더 큰 걸음으로 외친다
발가락 사이에 나무젓가락을 넣어본다
게는 놓치지 않으려고 무쇠 이빨로 문다
물이 든 대야에 넣었더니
슬며시 젓가락을 놓는다
나도 덩치 큰 언니 앞에서 센 척 덤비다가
실컷 두들겨 맞고 운 기억이 있다
젓가락을 놓아준 게는
어디 덤벼봐라
발가락을 더 높이 치켜든다
꽃게의 힘은 발에 있고
나도 두 발로 버티고 있다.

비는 내리고

밤새 비는 내리고
빗소리 따라
점점 커지는 빗방울이
창문 밖 소리를 모은다

칠흑 같은 밤
비는 내리고
울며 지새우는 새 또 있을까

오지 않는 아들 기다리다
점점 무거워진 눈꺼풀
빗소리와 함께 잠이 든다

꿈에서도 비를 맞으며
추적추적
길을 헤맨다.

한낮의 분수대

한꺼번에 토하는 울분이
하늘로 솟구친다

물고기한테 혀를 물린 걸까
발을 밟힌 걸까
치솟아 오를수록 낯빛이 창백하다

사연이 궁금한 사람들의 눈빛이
분수대로 몰린다

열대야에 등목하는 사람처럼
주변 나무는 물줄기에 몸을 식히고
분수와 가까워진 하늘이
물줄기를 다독거린다.

된장찌개

냄비도 나도 찌개를 좋아한다

된장이 구수한 입담으로
친구들을 불렀다

다시 물이 든 냄비 속으로
꽃게가 달려오고
양파와 애호박이 달려오고
대파 풋고추 버섯 말랑한 두부도 왔다

자기 잘난 맛에 서로 옥신각신
얼굴이 굳어진 냄비
늦게 온 가스 불에
냄비는 화색이 돌았다

보글보글
구수한 향기가 피어오르고
작은 힘이 모여 화합을 이뤘다.

둥근 인연

직선의 몸으로 내게 왔다

서로 모른 척
나무 기둥처럼 살다가

기도하고 깍지 낄 때
안아 줄 때
서로 협력하자 손 맞잡는다

직선끼리 만나 곡선이 되는
두 팔 두 손은
내게 온 둥근 인연이다.

봄잠

봄산에 가신 어머니가
데려온 연분홍 색시

어디 있니
나랑 놀자
어디 갔니

색시는 새댁이 되어
항아리에 신접을 차렸네

고혈압 진해에 좋다는
꽃술 되어 볼 붉히네

꽃술 한 잔에
봄밤이 다 새었네.

문경 용추계곡

눈을 씻고 보아도
용은 없고
물과 숲이 사람을 반긴다

새소리 어우러진
계곡물에 발 담그고
화강암 너럭바위에 등 기대어
스르르 잠들고 싶다

물빛 좋아 내려온 하늘은
떠날 줄 모르고
나는 너럭바위에 앉아
여울진 네 노래 귀로 건진다

숲은 우거지고
하늘이 내 허물 가려주니
누가 내 맘 엿보랴

물로 씻은 마음에 꽃씨 하나 심고 싶다
꽃 피면 벌 나비 꿀 꺼내 가고
산새가 꽃잎 쪼아가도
봄 되면 다시 피는

네가 부른 맑은 노래에
검은 맘 섞어놓고
네 기다림은 용이라서
돌아서는 내 발길이 무겁다.

백양사 단풍에 물들다

얼마나 열망했던가
망초꽃 흐드러진 들길
나뭇잎 땅빛에 절하는 조용한 숲길을

얽매였던 고삐 풀고
마음 가는 대로
바람 부는 대로
아이 대신 햇살을 업고
백양사 숲길을 걷는다

한낮의 단풍은 붉게 닳아
최고의 온도를 올리고
단풍에 배인 셔츠를 짜니
붉은 물이 뚝뚝 떨어진다

백함산 단풍객 오고 가는 길
단물 머금은 쌍계루는
얼비친 연못에 누워 휴거 중이고

땅거미 질기 전에 어서
돌아가라고
단풍잎이 손을 마구 흔든다.

심지 곧은 강

강물은 물길이 얕아도 생각이 깊다

멍이 진 가슴으로 찾아온 이들
목말라 찾아온 이들 외면하지 않고
물빛으로 채우고 다독인다

보채지 않아도
아이를 가슴에 안는 어미 마음
강물은 물고기를 가슴에 품는다

다리 긴 왜가리
백조가 날아와 물고기를 찾아도
모른 채 시치미를 뗀다

다독이고 다독여도 꿈틀 튀어 올라
날카로운 부리에 찍힐 때
그 마음 나도 알지

한순간에 잃어버린 허무한 절망감
너의 홍분 속에
나의 비분을 함께 섞는다

눈비 속에서
강물은 말없이 잠잠하다.

밤에 종로에 가면

가게 밖 길가에서
소맥을 즐기는 사람들
인도도 골목도 덩달아
술을 마신다

담배 연기 고기 굽는 냄새가
길을 막는다

매연에 찌든 나무에서
쉼터 잃은 매미가
하늘이라도 뚫을 기세다

술상 위에 빈 그릇이 포개지고
시간이 내려앉고
붉어진 얼굴 마주 보며
잔이 술을 마신다

발아래 술병은 뒹굴고
종로의 밤길은 왁자지껄
비껴가는 행인들은
시장기 대신 눈살을 찌푸린다.

하늘이 낳은 달

눈썹을 그렸다가
입술을 그렸다가
쪽배 태워 유람을 보낸다

별이 동행하고
구름이 동행하고
물은 깊고
산길은 험하다

나의 열 달은
아마 보름달이었다지
출렁이는 바닷길 손잡고 간다

다리 웅크리고
깊이 자는 조각 달
분홍 숨소리로 내게 온다

꿈속에서
덜어냈던 몸 다시 부풀린다.

가슴에 피는 꽃

봄꽃 흐드러지게 피는 날

장미꽃을 보니
가슴이 쿵쾅거리네

눈으로 보는 꽃인데
코로 맡는 향기인데
가슴이 부풀어 오르네

그 사람 닮은 붉은 장미

꽃향기 스며든 젖무덤에
장미꽃이 피느라
스멀거리네

가시에 찔린 눈에서
꽃물이 주르륵
흘러내리네.

공기의 무게

콧구멍의 평수를 넓혀 길게 들이마셨다
양 볼이 터지게 공기를 불어넣었다
누르스름한 배가 부풀어 올라
저울 위에서 높이 날아오른다
코털에 걸러지는 공기의 입자
목구멍으로 질주하는 공기의 흐름
돋보기도 현미경도 공기의 날개를 보지 못했다
공기 속의 공기, 또 공기
그는 색깔과 무게를 지운 채 나를 일으켜 세우는 존재
일 분 일 초도 떨어져 살 수 없는 나의 분신
끝내 무게를 달지 못했다
2.0의 시력으로도 볼 수 없는 무형의 몸
내 배는 풍선의 이름으로 가볍게 날아다닌다
허파꽈리의 들숨과 날숨으로
거친 파동을 일으킨
저울의 눈금이, 오늘 한 자리 숫자를 껑충 뛰어오른다.

독한 짝사랑

차고 독한 사랑이 찾아와
밖으로 불러낸다
마음 줄 생각이 없는데

그의 몸은 냉혈동물처럼 차갑다

봄 여름 가을 헤어져 있다가
겨울이면 나타나
주변 것들을 주워 삼키고
하얗게 흔적만 남긴다.

겉 다르고 속 다른
유혹을 떨치지 못하고
또다시 폭설에 묻힐 뻔했다

다시 별거를 꿈꾸는
그대인 줄 알면서.

제4부

시간은 생각 나름

보름달

보름달도 울 때가 있다

침묵의 더듬이로 버틴 세월
찢기고 닳아지고
입술 지그시 깨물며
구름 뒤에 숨어서 운다

바람이 구름옷 벗겨주면
끝이 보이는 것 같다가도
긁힌 통증이 더 아프게
피리 소리를 낸다

한 달에 한 번
서서히 날개 돋아나면
터질 듯 부푼 가슴 활짝 웃어도
여백을 채울 수 없는 작은 우주

강물에 박힌 내 둥근 울음
소리 없이 커졌다 작아졌다
허공을 맴돈다.

솟대

마을 입구에 높이 앉아
액운 막아주는 수호신
그가 점집을 차렸나 보다

밤이면 달과 별이
궁합을 보고 가고
날 밝으면 새들이 줄을 서서 기다린다

종달새는 가수가 되고 싶다고
앵무새는 아나운서가 되고 싶다고
속마음을 꺼내 놓으면
그가 일러준 점괘를 물고 집으로 간다

나도 그 앞에 서서
손바닥에 소원 까맣게 적어 내민다
삼천갑자 동방삭이로 살게 해달라고
보라매의 눈으로 세상을 보게 해달라고

마을을 지키는 솟대는
점치고 액운 막느라고
자신의 환생도 미루며 쌀알을 고르고 있다.

튤립꽃이 피려고

4월 햇볕 눈 부신 날
기다란 푸른 꽃대 붙잡고
손 모아 기도한다

산실마다
꿈틀꿈틀 만삭인 몸 풀려고
숨 고르는 소리 들려온다

첫아이 낳던 날
배를 쥐어짜는 산통과 두려움에
산실이 떠나가라 내질렀던 울음이
꽃봉오리에 와 앉아 있다

신생아 감싸줄 강보도 없이
푸른 줄기에 잎사귀 셋 달고
튤립이 해산을 기다리고 있다

달뜬 몸 기대고 웅그리고 있다.

내비게이션

저만 믿고 따라오라 한다
눈이 천 개쯤 되는지
먹고 싶을 때
쉬고 싶을 때
원하는 곳 데려다준다며 나선다
입이 서울이라더니 내비가 서울이다
초행길도 번화한 거리도
목적지만 알려주면 쉬운 길로 안내한다
어릴 적 즐겨 먹던 시골 밥상이 생각나
내비에게 말했다
좌회전 우회전
사냥개처럼 킁킁 냄새를 맡으며
잡풀 우거진 좁다란 길에
딱 멈춰 섰다
'여기서부터는 걸어서 가세요'
낡은 팻말이 보였다
쑥대 우거진 밭둑
망초꽃 달맞이꽃 칡넝쿨이 우거진 묘지였다.

한나절

유월 염천에
폐지 실은 수레가
언덕배기에 멈춰 있다

바람 빠진 폐지도
포승줄에 묶인 채
땀을 뻘뻘 흘리고 있다

바짓가랑이를
반쯤 걷어 올린
노인의 종아리가 털썩 주저앉는다

태양이 미안해서 구름 속에 숨는다.

눈 깜짝할 새

오래된 계단을 넘는다

몸에서 빠져나온 민들레 흰 깃털
포물선을 그리며
봄길을 간다

발목 삐끗해
깊은 물웅덩이에 떨어진 윤회
날개가 없어서 붙잡지 못했다

바람에 눈빛 걸어두고 사라진 깃털이
기억을 한 겹씩 벗겨놓는다

껍데기째 살다 간 연한 흔적들
바람은
낡은 계단을 오르내리며
깃털을 실어 나른다

알 수 없는 곳으로.

마음을 달래지 못할 때

구겨진 마음 달래지 못할 때
바다 한가운데 서보세요

집채만 한 파도가 밀려오고
몸이 떨리고 마음이 요동칠 때까지

생사의 갈림길에 서면
생각 주머니는 막히고
더위 먹은 개처럼 헐떡거리며
눈알 부라리게 되죠

목구멍에 짠물이 넘어가고
버둥대길 몇 차례
바다가 요동치다 차분해지면
구겨진 마음이 펴질 거예요

구겨진 마음 혼자 두지 마세요
수없이 부딪치고 까무러쳐야
부드럽고 평평해지니까.

시간은 생각 나름

막힌 방에 혼자 앉아
멍 때리는 시간은
한 시간이면 너무 짧다

길 막힌 주말
상갓집 찾아가는 시간은
짧아도 길게 느껴진다

상주를 만나 인사 나누고
울음 같은 시뻘건 육개장에 밥 말아먹고
눈인사를 받고 나온 시간은
한 시간이면 족하다

친한 사이의 만남은 하루를 다 써도 아쉽고
서먹한 사이의 만남은 한 시간도 지겹다

시간은
머릿속에 있다.

한 사람

밟히면 부서질까
밀어내도
기억에서 지워지지 않는
그의 기척이
조용히 잠 속으로 스며든다

방안 가득 번지는 향수처럼
밀어내도 떠나지 않고
자꾸만 안겨든다

정갈한 내 뜰 안에
기어이

장미꽃 한 송이
피우고야 말겠다.

여행

간편해서 좋다

가방을 챙기지 않아도 되고
후줄그레함을 감추려고
치장하지 않아도 된다

사막이나 질척한 길
자갈 깔린 험준한 산맥
눈을 스치는 풍경이 시가 되고 노래가 되고
누군가와 만나
부족함을 채우며 간다

이야기에 빠져 고개 끄덕이며
눈물을 흘릴 때도 있다

전혀 낯선 곳
얼굴 찌푸리게 허접한 곳은
접거나 건너뛰어도 좋다

거칠고 험한 길보다
닳아져 익숙한 길이 쉽고
손때 묻은 책일수록
오래 머물게 된다.

월동준비

은행 문을 나와 잔액을 확인하는
그녀의 얼굴이 잿빛이다

눈이 올 것 같다

나뭇가지들 서둘러
팔랑이는 이불을 당겨보지만
힘센 바람이 훌훌 벗겨버린다

몸을 사린 가지들
콜록콜록
알몸으로 겨울을 맞는다

바람이 쓸고 간 가지에
까치집 덩그러니
하늘 쳐다보고

벗은 나무에 몸 기대어
아이들 눈빛 떠올리는
그녀의 헐벗은 발이 시리다.

첫사랑

마음 안에 집을 짓고
그를 가두었다

수십 년이 지났는데
그가 생각날 때가 있다

이름을 부르지 않아도
뛰어나와
나를 웃기고 울리기도 한다

낙엽길을 걷거나
눈길을 걸을 때
비 오는 날 창가에 서 있을 때
그를 꺼내보면 옛 모습 그대로다

곁에 있는 사람이 미워질 때
더 생각나는 사람
세월 가고
집이 낡아도 떠나지 않는다.

못

너는 쇠못
나는 벽창호
다가가기 힘들었어
너무 날카로워서

쾅쾅 마음 떠보다
옷깃 서로 붙잡고 말았어

빈틈없는 공간
차갑고 날카롭지만
너와 나는 찰떡궁합

죽은 듯 사는 거야.

빗소리

누가 준 태그일까
빗물 가르며
탬버린 소리 젖지 않고 들리네

까닭 없이 마음 문 두드리고
마냥 커지는 귓바퀴
투두둑 따라오는 탬버린 소리

땅 밑 맥박 소리 뒤집고
흥건히 젖는다

빗물은 빗물끼리
소리는 소리끼리.

날개 달린 문자

숨죽이며 살던 때는 지났는가
유튜브에서 카톡에서 매스컴에서
개처럼 짖어대는 사람들이 있다

막말이 날아다니는 개 같은 세상
대통령도 별수 없다 마구 깔아뭉갠다

말을 잘못하면 잡혀간다고
불의를 보고 말을 아끼던 시대는 가고
마구 뱉는 말이 눈살 찌푸리게 한다

코로나가 입을 막아도
너 잘났다 나 잘났다 잘난 맛에 사는 사람들
눈과 손가락만 있으면 말이 되고 글자가 된다.

제5부

엇나간 길

고놈, 손주놈

아이는 스마트폰이다
카톡카톡 시끄러워 밀쳤다가
궁금해서 끌어당기는

보면 지치고
안 보면 궁금한
귀엽고 깜찍한 사랑꾼

내 아이 키울 땐
집안일이 먼저였는데
잠시도 눈과 손을 뗄 수 없다

한 아이가 큰다는 것은
누군가의 가슴을
수없이 옥죄이고
쓸어내리는 일이다.

방황하는 새

천둥 번개 요란한 날이면
나는 너를 생각한다

먹잇감 없는 궂은날
찢기고 젖은 날개로 어미를 찾고
햇빛 반짝이면 다시
깃털 말려 날아가는 너는 철부지

아래 아래로 곤두박질칠까 봐
나는 아직 깍지 낀 손 풀지 못하고
찬바람 무서리에 겁먹은 가슴이 뛴다

한눈팔다가
깃털이 날아가고
꽁지가 날아가고
파리한 몸에 부리만 남은 가여운 철새

가을 하늘도 찬 서리를 피해
높이 더 높이 흰 구름을 안고 있다

마지막 남은 차표를 들고
돌아오라 더 높이 날면 보인다
부모 형제 눈물 맺힌 품속으로.

가장이라서

집 나간 아들 언제쯤 들어오나

기도보다 더 간절한 염원으로
밤을 꼬박 새운 남편이
일찍 창밖에 귀를 기울인다

아들은
간밤에 어디서 뭘 했을까

새벽녘에 잠든 마누라 깰까 봐
냉랭한 아들 방을 힐끗 쳐다보고
조용히 문을 열고 나간다

당신 가슴 시커멓게 탄 줄도 모르고
사랑인지 집착인지
가장이 짊어진 올무가 아프게 다가온다.

걷지 않는 발

눈 가까이 걸어두었다
가지런히 내려놓은
두 발 두 다리

멀고 험한 길 앞세워 다닌
허옇게 허물 벗은 발바닥

땀 차고 짓무르고
삐그덕거린 발소리
잠결에도 들린다

마른 자국 젖은 자국 남기고
먼 곳에서
발버둥 치는 소리

이제
종종걸음 내려놓고
꿈길에서만 걷는

내 눈 속에 박힌
길고 여윈 어머니의 발.

아버지의 바다

대대손손 물려주고
물려준 바다
반듯하고 완만해 보였다

어스름 새벽 만선을 꿈꾸며
물결을 가로질러 나갈 때면
가슴은 신선함으로 파닥였다

먹구름 일고 집채 만 한 파도가 달려와
배를 삼킨 뒤
서산을 넘는 해는 정적이고
바다는 성난 승냥이가 되었다

포효하는 바다
바람에 출렁거리는 넋
울컥울컥 치미는 광란의 기억이
어스름 달빛에 휘청거린다

수호신처럼
바다를 떠나지 못하는 젖은 눈동자
옥죄인 가슴은 돌덩이처럼 무겁다

오늘도 노부는
바다 위에 허우적이며 가라앉은
아들의 기억을 박음질한다

옹기종기 둘러앉은 어촌마을
들춰보면
파도에 휩쓸려간 목숨 하나씩 간직하며 산다.

비누 사랑

언제나 너를 기다렸다
너는 소중하니까
나는 어떻게 태어났는지 몰라
하지만 널 내 둥근 항아리에 품었다
이 세상에 꺼내왔어
지금도 사랑받고 있잖아
미꾸라지처럼 달아나지 않았으면 좋겠다
집 밖을 떠돌다 꼬질꼬질해서 들어와
잘못했다 다신 그러지 않겠다
두 손 싹싹 비벼 용서를 빌며
믿어 달라 약속해놓고
물 만나면 천방지축 빠져나가는 너
이제는 찾지 않으련다
전생에 너와 난 비누였나 봐
속고 산 세월
향기롭던 몸도 다정한 말씨도 닳고 닳았어
아들아!
더는 안아주고 달래는 일 없을 거야.

안개의 날

상추밭을 오래 맸나 눈꺼풀에 저울추가 들어앉아 있다

몸 약한 손주 걱정에
온갖 잔소리 털어놓던 삽과 호미
헛간 시렁에서 쉬고 있다

저 세상 가서도
내 진흙밭을 걱정하며
정화수를 떠 놓을 부모님

어디쯤 계실까?

해마다
제석祭石 위에 놓여있는 붉은 카네이션

흰색으로 바꿔야 할까 보다.

김장 배추

서릿발 일어선 겨울 배추밭
상복 차림의 누런 겉잎들
일그러진 얼굴로 서 있다

간밤 먼 길 떠난 할머니
배추 잎이 얼까 봐
흰 머리카락 잘라 덮어놓았다

겉은 멀쩡한데 속이 곪은 할머니
병원도 안 가고
혼자 끙끙 앓으셨다

배추를 뽑아 속병은 없는지
배를 가르고 소금 한 줌 뿌리면
금방 숨 죽은 듯 조용해졌다

그해 겨울
할머니는 흰 눈 속에 잠들고
배추는 붉은 고춧가루 속에 묻혔다

해마다 김장 때가 되면
할머니 생각이 난다.

엇나간 길

여자들이 아이를 낳을 때
나는 길을 낳고
꿈을 쭉쭉 펼치고 나아가길 원했다

꽃도 나무도 심을 수 없는
딱딱한 시멘트길보다는
부드러운 흙길이 되길 원했다

비바람 폭설에 견디지 못하고
시멘트와 콜타르의 유혹에 빠졌구나
살다 보면 구부러지고 젖거나 마를 때도 있단다

이 세상 모든 곧은길들이
낯 두껍게 산다 해도
내가 낳은 길만은 꽃 심고 나무 심는
흙길이었으면 좋겠다

어스름 그믐밤
어깨가 축-쳐진 사나이가
앞을 터벅이며 가고
그 뒤를 내가 숨죽이며 따라간다

내가 낳은 이 길
네 상처 어루만지며
한 그루 나무로 서 있고 싶다.

좁은 집

천장이 내려와 짓누르는
밤이 싫었다

힘이 있어도
차례로 누우면 발 디딜 틈도
뒤척일 공간도 없었다

쉬가 마려워도 참아야 했다

바람 소리 없는 여름밤
문풍지 흔드는 겨울밤
모로 누운 형제들이 반 두름의
굴비 같았다

넓은 방에 멀리 떨어져 자다 보니
서로 다른 코러스의 숨소리
코골이 소리가 그리울 때가 있다.

빈 항아리

허리 구부정한 할머니가 떠나자
나는 할 일을 잃었다

식성이 바뀐 가족들
접시 위에 식빵이 놓이고
된장국 자리에 살결 뽀얀
우유가 자리를 잡고 앉았다

허기를 채워주던 토종 먹거리
날마다 얼굴 씻겨주던 손길은
이제
나를 찾지 않는다

호기심 어린 아이들이 힐끗 쳐다볼 뿐
하릴없는 나는 담장 밑에 눕거나 앉아
바람이 시키는 대로 공명 소리를 낸다

고픈 배 채워 줄
할머니의 구수한 된장 냄새가
그리워지는 날이다.

담 옆에 핀 민들레

머리 샌 민들레가 손을 흔든다

흰머리 어머니도 손을 흔든다

작은 아이 큰 아이
모두 보내고
담 옆에 우두커니 서 있다

밥상머리 빙 둘러앉아
주고받던 얘기
떠올리며 서 있다

올망졸망 보따리
남김없이 들려 보내고
허전해서 물끄러미 바라본다

민들레
젖은 눈이
저만치 따라간다.

소나기 가족

흙탕물에 잠긴 몇 마지기 땅
열 그릇 공깃밥이 모여
아웅다웅 싸우고 있네

살려고 날개 치는 어린잎들
머리 살살 만져주고
다독이면 될 것을
몸집 센 소나기가 짓밟고 가네

엄마는 큰아들
아버지는 작은아들
제삿밥도 따로따로
집 찾느라 신발이 다 젖겠네

점점 멀어지는 혈연의 정
먹구름 잔뜩 낀 하늘 걷히고
서로 누군가의 해가 되면 좋겠네.

마른 잎

마른 잎이
찬바람에 간들간들
운명 줄 밀어내고 있다

몸을 뒤척일 때마다
푸르고 창창했던 향기는 사라지고
지린 내음이 코를 찌른다

갈 때를 몰라서가 아니다
바람의 근력으로도
어쩔 수 없는 일
늙으면 안다

머지않아 봄이라고
마른 잎 밀어내는 떨켜들
눈 흘김이 무섭다.

벗을 수 없는 모자

귀여운 강아지라 불렸던
할머니가 내게 씌어 준 모자
악착같이 살다 보니 불도그가 되었다

잠잘 때 깨어 있을 때
벗어버리고 싶어도
벗을 수 없는 모자

저승사자도 가져가지 못할
부모라는 모자는
망자가 되어서도 벗을 수 없다

챙이 닳고 헐거워진 내 모자
찢길까 다칠까
쓰다듬고 아끼며 쓰고 있다.

계간문예시인선 180

정영례 시집 _ 남도 가시나

초판 인쇄 2022년 12월 8일
초판 발행 2022년 12월 12일

지 은 이 정영례
회 장 서정환
발 행 인 정종명
편집주간 차윤옥

펴 낸 곳 도서출판 계간문예
주 소 03132 서울 종로구 삼일대로 30길 21 종로오피스텔 1209호
전 화 (02) 3675-5633 팩스 (02) 766-4052
이 메 일 munin5633@naver.com
홈페이지 http://cafe.daum.net/quarterly2015
등 록 2005년 3월 9일 제300-2005-34호
연 락 처 03132 서울 종로구 삼일대로 32길 36 운현신화타워 305호
인 쇄 54991 전북 전주시 완산구 공북1길 16, 신아출판사
ISBN 978-89-6554-263-6 04810
ISBN 978-89-6554-118-9 (세트)

값 10,000원

이 책은 한국예술인복지재단의 문화예술인활동지원금을 받아 발간되었습니다.